Christoph Wrembek SJ

(K)EINE CHANCE FÜR JUDAS?

Christoph Wrembek SJ

(K)EINE CHANCE FÜR JUDAS?

Wie barmherzig wir Gott denken dürfen

VERLAG NEUE STADT
MÜNCHEN · ZÜRICH · WIEN

Klimaneutral gedruckt. Weil jeder Beitrag wichtig ist.

Neuausgabe 2022

Umschlaggestaltung und Satz: Neue-Stadt-Grafik
Druck: CPI books GmbH, Leck
ISBN 978-3-7346-1304-3

Printed in Germany

www.neuestadt.com

Zu diesem Buch

Judas, „der Verräter"! So wird er oft genannt. Christoph Wrembek SJ hat sein großes Judas-Buch provokativ anders genannt: „Judas, *der Freund*"(!). Ein Buch, das Furore gemacht hat und macht: Nach wenigen Jahren liegt es bereits in der 7. Auflage vor; es wurde inzwischen ins Amerikanische, Italienische, Estnische und Spanische übersetzt.

Ungebrochen ist das Interesse an Judas, diesem Menschen aus dem Zwölferkreis um Jesus, dem in der Tradition oft die Schuld an dessen Tod gegeben worden ist. In seiner Person verdichtet sich die Frage, wie das ist mit persönlicher Schuld, mit Versagen und Vergebung. Es sind Themen, die früher oder später, direkt oder indirekt jeden

Menschen angehen. Nicht wenige fragen sich, was mit einem lieben Verstorbenen ist, der „unvorbereitet" verstorben ist. Ja, wer wäre schon hinreichend vorbereitet?

Der Untertitel des Judas-Buchs verweist auf diese existenzielle Dimension: „Du, der du Judas trägst nach Hause, trage auch mich." Es ist eine Bitte an Jesus, den guten Hirten, wie ihn eine mittelalterliche Jesus-Judas-Darstellung zeigt, ein Kapitell in der Kirche der hl. Maria Magdalena in Vézelay/Burgund. Da trägt Jesus den toten Judas auf seinen Schultern „nach Hause": dorthin, wo kein Leid und keine Tränen mehr sind. Wo Wandlung geschieht. Wo alles neu wird. Wo Gott selbst alles in allem ist.

Pater Wrembek hat dieses Kapitell in seinem Judas-Buch auf spannende Weise erschlossen. Seine Deutungen und Ausführungen erregen Aufsehen: Selten erreichten uns im Verlag so viele Echos von Leserinnen und Lesern wie auf diese Publikation. Für viele ist die Lektüre zu einer Begegnung mit dem lebendigen Gott und seiner maßlosen

Barmherzigkeit geworden, auch in bedrängenden Situationen. Aber es gab und gibt auch kritische Anfragen.

Im vorliegenden Bändchen geht Pater Wrembek in acht Anläufen darauf ein. Dabei werden die Thematik und die Anliegen von „Judas, der Freund" weitergeführt. Der kleine Band kann für sich gelesen werden; doch legt sich die Lektüre der ausführlichen Darlegung im „großen Buch" nahe.

Deutlich wird einmal mehr, welche Sprengkraft in Jesu Botschaft von der Barmherzigkeit und Menschenfreundlichkeit Gottes steckt, der *alle* zum Heil führen will – und, so die Hoffnung, auch führen wird! Diese Botschaft ist und bleibt eine enorme Herausforderung für unser Glauben und Denken, auch für die theologische Reflexion, und nicht zuletzt für unser Reden und Leben. Sie wirft Fragen auf, sie verlangt ein immer neues Umdenken, sie ist unbequem. Doch wer wollte sich anmaßen, Gott Grenzen zu setzen?

Verlag Neue Stadt

Inhalt

Vorwort

Eine Frage, die vielen unter den Nägeln brennt

Mein Buch „Judas, der Freund" hat ein unerwartet großes und weites Echo gefunden. Die meisten schriftlichen Rückmeldungen und mündlichen Kommentare äußerten eine große Dankbarkeit und Freude über meine Darlegungen; betreffen diese doch jeden Menschen persönlich, sein letztes Ziel und sein Vertrauen in unseren Schöpfer und Herrn, der alle Menschen retten will und wird. Denn das ist sein Name, sein Wesen: Jesus, das heißt: Gott rettet.

Eine sehr anerkennende Rückmeldung in Form eines Beitrags in einer Zeitschrift kam vom Metropoliten Athanasios Papas aus der Diözese Chalcedon (Istanbul), der in München Kunstgeschichte studiert hat: Er hat meine Interpretationen aus theologischer wie kunstgeschichtlicher Warte vollumfänglich anerkannt.

Jedoch gab und gibt es auch Gegenstimmen, sowohl sachlich-klug fragende wie auch polemische und schlichtweg verwerfende. Sie alle kreisen im Wesentlichen um die Kernfrage:

Wird Gott im Letzten *allen* Menschen seine liebende und barmherzige Rettung zuteilwerden lassen?

Die Heftigkeit mancher Zuschriften wie die dankbare Freude, ja der tiefe Trost, der aus vielen anderen spricht, zeigen, wie sehr diese Frage „unter den Nägeln brennt“: Sie beschäftigt, berührt, bewegt. Sei es, dass eigene Vorstellungen davon, „wie es zu sein hat“, oder auch davon, was „der Glaube“ (vermeintlich?) sagt, angetastet werden, sei es, dass die eigene Not und die bange Frage, wie es um einen selbst bestellt ist, im Raum steht.

Nach Möglichkeit habe ich versucht, auf Rückmeldungen persönlich zu antworten. Die zahlreichen Leserbriefe wie auch persönliche Schreiben lassen vermuten, dass ähnliche Fragen noch viele andere umtreiben. So bin ich meinem Verleger dankbar, dass er mir die Möglichkeit gibt, in diesem kleinen Buch auf Einwände, zum Teil auch Angriffe einzugehen.

Ich bin überzeugt, dass solche klärende Auseinandersetzung einmal mehr jeder Leserin und jedem Leser hilft, den eigenen Glauben, das Evangelium von Jesus, unserem Herrn, besser zu verstehen und in unserer Hoffnung unerschütterlich gewiss und froh unserer „Verherrlichung“ entgegenzugehen – ohne deswegen die eigene ernste Verantwortung und Bemühung um eine gelingende christliche Lebensgestaltung fahrlässig außer Acht zu lassen!

Christoph Wrembek SJ

Was von Reue und Umkehr bleibt

FRAGE 1: Wenn letztlich alle Menschen bedingungslos erlöst werden, sind dann Reue und Umkehr zur Erlangung des himmlischen Heils bedeutungslos?

Im 15. Kapitel des Lukasevangeliums finden sich drei „Gleichnisse von Verlorenen“,[1] in denen Jesus offenkundig nahelegt, dass der himmlische Vater nicht will, dass irgendjemand verloren geht. Aber, so wird eingewendet, sind nicht Reue und Umkehr Voraussetzung, um das Heil zu erlangen?

Schauen wir genau hin: Beim „verlorenen Sohn“ (vgl. Lukas 15) mag man noch „Reue und

1 Vgl. hierzu: Judas, der Freund, S. 79–100.

Umkehr" finden, auch wenn es eigentlich der natürliche Trieb des Hungers ist, der ihn zur Umkehr treibt. Er hatte ja alles verprasst und litt schlimmste Not. Doch der Rückweg selber scheint dann den inneren Sinn dieses Sohnes zu wandeln: Das Verlangen nach dem Essen der Tagelöhner wird nicht mehr erwähnt. Der Vater nimmt die Rückkehr voller Glück zur Kenntnis; er möchte nicht einen geknickten, in Reue zerknirschten Sohn vor sich haben, sondern mit ihm eins sein. Und diese Gemeinschaft besiegelt er mit einem Fest. Was es noch an klärendem Gespräch zwischen Vater und Sohn gegeben haben mag, ist für Jesus buchstäblich „nicht der Rede wert": Gott will mit dem Wiedergefundenen einfach feiern!

Noch deutlicher stellt Jesus uns das Verhalten Gottes im Gleichnis vom „verlorenen Schaf" dar: So etwas wie „Reue" mag man für den Fall annehmen, dass das Schäfchen jämmerlich um Hilfe geschrien hat, allerdings aus purer Angst. Ein Weg der Umkehr aber war ihm überhaupt nicht möglich. Der gute Hirt musste sich selber auf den Weg machen, es zu retten. Wenn Jesus also hinterher von einem Sünder spricht, „der umgekehrt" ist, so ist „Umkehr" hier nicht „auf eigenen Füßen" geschehen, sondern auf der Schulter des Hirten, der das „Schäfchen" nach Hause getragen hat.

Den Höhepunkt bildet in dieser Hinsicht das Gleichnis von der „verlorenen Drachme": Jetzt liegt alles einzig und allein bei Gott. Er selber sorgt für die gesamte Umkehr, einfach deshalb, weil Er retten will. Dieses Geldstück kann weder Reue noch Umkehr tätigen, nicht einmal Angst zeigen, es ist gleichsam tot. Auf diesem Gipfel seiner Gleichnisrede macht der Sohn Gottes deutlich: Je weniger ein Mensch selber zu seiner Rettung beitragen kann, desto mehr tut es Gott, weil Er die Liebe ist. Und diese Liebe muss das Geschöpf sich nicht erst verdienen und durch nichts bezahlen. Liebe ist immer vorauseilend; nur Geschäft will Vorauskasse und treibt Handel. Gott aber ist kein Krämer, er ist nicht auf seinen Vorteil und seine Genugtuung bedacht. Er sieht von sich selber völlig ab und weiß in Weisheit, dass Umkehr und Reue sich nicht selten erst nach der (unverdienten) Rettung entfalten. Aus Einsicht und Dankbarkeit.

Man bedenke: Selbst „heidnische Menschen" (vielleicht sind sie auch nur nicht kirchlich organisierte Gläubige) retten andere Menschen ohne Vorbedingung, ja bringen sich dabei selber in Lebensgefahr, weil Retten in sich selbst Sinn hat. Und Gott soll weniger Liebe sein? Weniger Liebe haben, als diese und zahllose andere es vorleben?

In meiner Auslegung des Gleichnisses vom „reichen Prasser und armen Lazarus"[2] habe ich darauf hingewiesen, wie „Reue und Umkehr" auch *nach* dem irdischen Leben eintreten können:

Erst im Feuer des Hades (= in der Glut der göttlichen Liebe, eine andere Glut kann es gar nicht geben) kommt der reiche Egoist zur

2 Judas, der Freund, S. 142ff.

Besinnung und lässt sich wandeln, denkt an andere.

Keineswegs ist unser irdischer Tod für den ewigen Gott, der Zeit und Ewigkeit geschaffen hat, eine absolute Demarkationslinie, hinter der Er nichts mehr tun könnte. Ich bin überzeugt: Gott wirkt auch nach unserem Tod weiter an unserer Rettung, indem Er *nach* der Todeslinie die Möglichkeit einer Einsicht und somit eines Erkennens eigenen Fehlverhaltens schenkt, und zwar durch die direkte Schau seiner Selbst. Wie soll es einem noch so Verstockten im Angesicht der höchsten Schönheit und Güte und Wahrheit möglich sein, sich zu verweigern?

Jeder Mensch wird spätestens hier sowohl Gott als auch sich selbst erkennen. Und seine Versäumnisse angesichts der ewigen Güte schmerzlich bereuen, Gott aber unendlich wollen. Und in die Fülle dieser Liebe wird er, so unsere feste Hoffnung, aufgenommen werden.

Umkehr und Reue: Ja, es „braucht" sie gewissermaßen. Ja, es ist gut und sinnvoll, wann immer möglich (!), schon auf dieser Erde diese Haltungen einzunehmen. Um damit der Ernsthaftigkeit der eigenen Bemühung, in der Liebe zu wachsen, Ausdruck zu verleihen. Um zu zeigen, wie man nach dem Maß der göttlichen Liebe selber gerne wäre und aus dieser heraus handelte.

Wer aber ebendieses nicht schafft, aus welchen verhindernden Gründen auch immer, den wird unser guter Herr an seiner Dummheit, Uneinsichtigkeit oder Überheblichkeit, vielleicht aber auch an seiner Unfähigkeit aufgrund innerer Mattheit oder erschöpfter Verzweiflung nicht auf ewig scheitern lassen.

Vergibt Gott nicht bereits, bevor wir bereuen?

Können wir nicht eigentlich nur deswegen bereuen, weil Er uns schon angenommen hat?

Gott wird jedem von uns die Augen öffnen. Für den, der die allmächtige Liebe ist, gibt es weder Begrenzungen noch Bedingungen.

Die Freiheit des Menschen

**FRAGE 2: Wie aber steht es mit der Freiheit des Menschen?
Findet die Allmacht Gottes ihre Begrenzung an der Freiheit des Menschen? Oder hört die menschliche Freiheit, die Gott gegeben hat, an der Allmacht Gottes auf?
Wenn Judas sich in seiner Freiheit selber in die Gottesferne begeben hat, wird Gott das nicht respektieren müssen?
Also doch Verdammung?**

Es scheint, als sei die Verhältnisbestimmung zwischen menschlicher und göttlicher Freiheit *die* entscheidende Wegmarke auf unserem Wandern zum Ziel eines wirklich be-*freiten* und grenzenlos vertrauensvollen Blickes auf die unendlichen Möglichkeiten Gottes. Des Ewigen. Des Unsagbaren. Dessen, der alle und alles zum Guten wandeln und vollenden wird.

Aber: Wer nicht bei Gott sein will –, den zwingt Gott doch nicht zu sich hin? Wenn der Mensch sich überhaupt nicht gegen Gott entscheiden könnte, wäre er dann nicht eine willenlose Marionette? Wäre dann nicht alles Leben bedeutungslos?

Oder verhält es sich doch ganz anders?

Vielleicht könnte das Mit- und Ineinander der begrenzten menschlichen Freiheit und der allmächtigen göttlichen Freiheit mithilfe eines modernen Gleichnisses so dargestellt werden:

Da ist eine Fliege; sie hat in ihrer Fliegen-Freiheit entschieden, im ICE nach Norden zu fliegen, von Hannover Richtung Hamburg. Niemand behindert ihre Freiheit, sie schafft es durch alle Türen des ICE hindurch und an allen Butterbroten vorbei und fliegt konstant gen Norden. Als der Zug schließlich hält und sie hinausfliegt – ist sie in Würzburg! Mitsamt ihrer nach Norden gerichteten Freiheit ist ihre Fliegen-Dimension von der „Dimension ICE“ umfangen worden, und so ist sie in einer anderen Welt angekommen. Die „Dimension des Zuges“ hat die „Dimension der Fliege“ umgeben und integriert, ohne sie zu missachten oder auszulöschen.

Solche höheren „Dimensionswelten“ umfangen uns schon innerweltlich auf je neuer Ebene: Da gehen wir Menschen auf unserer Erde nach Westen, aber die Erde dreht sich nach Osten: Unsere Freiheit, nach Westen zu gehen, wird durch die Drehung der Erde nach Osten nicht aufgehoben oder missachtet, aber von der höheren Dimension umfangen. Und weiter: Unsere Erde bewegt sich um die Sonne – aber unser Sonnensystem, ja unsere Milchstraße bewegen alles, auch die Sonne und die Erde und den Menschen und die Fliege noch einmal in eine andere Richtung. Wie viele Dimensionen gibt es noch? Elf, sagen manche Astrophysiker. Oder noch viel mehr?

Die letzte, alles umfassende nennen wir Gott: Er „integriert“ unsere Freiheit in seine alles umfangende Bewegung der liebenden Barmherzigkeit.

Unsere menschliche Freiheit, die vielen Dimensionen, die es darüber hinaus gibt, alle umfangen von der göttlichen Freiheit – das ist ein großes Geheimnis.

Wenn wir auf das schauen, was wir „Freiheit“ nennen, dann müssen wir nach unserem heutigen Wissen eingestehen, dass diese vielfältig begrenzt und bedingt ist. Der Mensch ist nicht so frei, wie er das für sich selber wünscht. Jeder Mensch ist vielfach geprägt durch seine Herkunft, sein Elternhaus, seine Erziehung (oder deren Fehlen), durch Religion, durch Einflüsse von früher und von zahllosen Menschen; kurz: Seine komplexe Vergangenheit und Gegenwart, deren einzelne Aspekte ihm gar nicht bewusst sein müssen, prägen ihn und seine „freien“ Entscheidungen in hohem Maße. Neuere psychologische und neurophysiologische Untersuchungen stützen diese Erkenntnisse, denen sich die Theologie nicht entziehen darf.

Zugleich hat auch die Zukunft einen prägenden Einfluss: Sie kommt dem Menschen in Ängsten und Möglichkeiten, in Wunsch-Träumen und schillernden Attraktionen entgegen.

Vergangenheit und Zukunft determinieren jeden Menschen und sein Gewissen, sie beeinflussen ihn in erheblichem Maße in seiner „freien“ Wahl und Selbstbestimmung. Nur indem er sich dieser Eingebundenheiten und Abhängigkeiten allmählich bewusst wird und gegebenenfalls im ernsthaft-klugen Austausch mit anderen zu tieferen Erkenntnissen über sich selbst und die Welt gelangt, kann er den kleinen Raum seiner Freiheit, über sein Leben zu bestimmen, ein wenig erweitern.

Vor diesem Hintergrund stellen sich nicht zuerst Fragen wie die nach Schuld und Versagen oder gar nach vermeintlich „selbst verdienter Strafe“. Vielmehr sind oft ganz einfach Hilfe und Beistand vonnöten: Ist nicht jeder Mensch vielfach „unter Räuber“ gefallen?

Wenn jemand unvorsichtig schnell gerast ist, einen schweren Unfall verursacht und lebensgefährlich verletzt auf der Straße liegt, dann werden die Rettungssanitäter ihn nicht erst fragen, ob sie ihm helfen sollen. Und er würde kaum antworten: Nein, ich will nicht!

Oder wenn jemand auf dem Fenstersims steht und hinunterspringen will, dann ist er dazu zwar „frei“, aber die Retter werden ihn nicht erst fragen, ob sie ihn retten dürfen – das Retten hat merkwürdigerweise immer Vorrang vor der „Freiheit“, sich zu vernichten.

In den Dimensionen Gottes ist der Mensch wie einer, der schwerverletzt auf der Straße liegt, wie einer, der unter die Räuber gefallen ist …

Unsere Gerichte entscheiden heute in manchen Fällen, dass dieser oder jener Täter „nicht zurechnungsfähig" sei. War Judas zurechnungsfähig? Oder war er durch seine vielfachen Prägungen aus der Vergangenheit (auch seiner Wünsche) für die Zukunft gar nicht so frei? Eines ist sicher: Judas wollte auf keinen Fall den Tod Jesu! Er brauchte ihn ja (die anderen Jünger ebenso) für seinen Traum, später in seinem Reich einen vorderen Platz zu bekommen! Judas wollte Jesus nur in eine Lage manövrieren, in der dieser endlich seine Macht zeigen musste.[3] Diese Idee faszinierte Judas und lenkte somit möglicherweise seine sogenannte „freie Entscheidung".

Wie also funktioniert „freie Entscheidung" des Menschen? Der Mensch, so scheint mir, entscheidet sich in seiner kleinen Freiheit immer für das, was ihm jetzt besser, erstrebenswerter, schöner und gegebenenfalls auch opportuner, genussvol-

3 Vgl. hierzu: Judas, der Freund, S. 135ff.

ler, in unterschiedlichster Weise „gewinnbringender“ erscheint. Das mag auf lange Sicht falsch sein, das mag objektiv falsch sein, aber ihm erscheint es *jetzt* als das je bessere.

Die Freiheit des Menschen wird also immer zu dem hingezogen und will frei das haben, was ihr *jetzt* als das je Bessere, Schönere, das jetzt Lohnendere, Erstrebenswertere erscheint; unabhängig davon, ob das daraus entstehende Verhalten schwer schädigenden Charakter für die Person selbst und andere entfalten kann.

Ist sie dadurch, dass sie von diesem „attraktiven Etwas“ angezogen wird, unfrei? Nein, das entspricht, so könnte man modern sagen, ihrer „Programmiertheit“, die der Schöpfer ihr eingestiftet hat, nämlich: immer das zu wollen, was ihr jetzt als das je Bessere, Schönere erscheint. („Sub respectu boni“, heißt es in der Fachsprache.)

Allerdings ist das Bessere und Schönere *in concreto* leider allzu oft nur das Opportunere, für mich Wichtigere, Genussvollere, kurzfristig Vorteilhaftere etc. – ohne Rücksicht auf die Folgen für mich und andere.

Wir Menschen werden schon hier auf Erden vom „Schönen" angezogen; von Schönheit kann man gefesselt sein, von größerem Reichtum noch mehr. Und so weiter. Selbst wenn ich mich gegen „Schönheit" entscheide, dann bleibe ich in der Struktur meiner Freiheit: Ich entscheide mich eben für das, was mir jetzt besser erscheint als die Schönheit ...

Wenn nun der Mensch vor Gott steht, dann ist Gott, wie wir sagen, das *summum Bonum-Pulchrum-Verum*, das höchste Gute-Schöne-Wahre – und es gibt neben Gott keine Alternative, weil Er der Unendliche ist! Das heißt: Alles, was einem Menschen in seinem Leben jemals schön, gut, wahr, erstrebenswert erschien, ist in dem Absolutum Gott versammelt, von Relativem und Kurzfristigem befreit und gewandelt und millionenfach überhöht. Dann aber wird unsere Freiheit dies wollen, ja sogar wollen *müssen*: Wie könnte es anders sein, da sie doch immer das wollte, was ihr gut-wahr-schön erschien, um sich selbst zu verwirklichen!

Mit anderen Worten: Unsere Freiheit wird von Gott *angezogen*! Gott ist dermaßen „attraktiv", dass das Geschöpf IHN wollen *muss*! „Wenn ich von der Erde erhöht bin, werde ich alle zu mir ziehen" (Johannes 12,32), sagt Jesus. Ist die Freiheit des Menschen damit aufgehoben? Nein, im Gegenteil: Dies ist ihre Erfüllung, das zu erlangen, was sie sehnsüchtig will, immer schon wollte.

Als Maria Magdalena zum Pharisäer Simon kam mit dem Alabastergefäß, da war sie frei – wozu? Frei, wieder wegzugehen? Welch ein Unsinn! Sie wurde angezogen von diesem Mann; ihre Freiheit fand ihre Erfüllung im Sein und Bleiben bei diesem Menschen. So wird es mit uns sein, wenn wir vor Gott stehen: Unsere Freiheit findet in Ihm ihre Erfüllung und Vollendung.

Die von mir in diesem Zusammenhang gern zitierte Edith Stein schreibt zu diesem Thema: „*Die menschliche Freiheit kann von der göttlichen nicht gebrochen und nicht ausgeschaltet, wohl aber gleichsam überlistet werden. Das Herabsteigen der Gnade zur menschlichen Seele ist freie Tat der göttlichen Liebe. Und für ihre Ausbreitung gibt es keine Grenzen.*“

Vergessen wir nicht: Auch Gott ist frei, Er, der unendlich Unbegrenzte. Der Retter und Heiland! Und *Seine* Freiheit ist die einzig wahre, die einzig absolute, in der alles und alle nach *Seinem* guten Willen – auf für uns jetzt noch verborgene Weise – vollendet sein werden.

Verdammung: ein Glaubensgut?

FRAGE 3: Gehört Verdammnis nicht zum christlichen Glaubensgut? Ist die ewige Pein in der Hölle nicht von Gott für all jene geoffenbart, die bis zu ihrem Ende verstockt und sündig bleiben?

Die Geschichte ist von furchtbaren Grausamkeiten durchzogen: Es ist nicht zu fassen, welche Qualen Menschen einander zuzufügen imstande sind. Auch vermeintlich „gerechte Strafen" können unsäglich sein. Manchmal scheint es mehr um Vergeltung als um Wiedergutmachung und Läuterung zu gehen, im Fall besonders schwerer Schuld oft nur noch um die Auslöschung der Täter. Und so soll Gott sein?! Einer, der Schuldige ewige Qualen im Feuer der Hölle erleiden lässt? Hat Gott nicht schon durch Jeremia gesagt, so etwas (Menschen im Feuer zu verbrennen) wäre ihm nie in den Sinn gekommen (Jeremia 32,35)?

In den Sachregistern gewichtiger Darstellungen unseres Glaubens taucht der Begriff „Verdammung" nicht auf,[4] aber, so wird eingewendet, der Begriff „Hölle" sehr wohl, und damit indirekt doch auch die „Verdammung". Oder nicht?

Nochmals eine erklärende Zusammenfassung. Schauen wir einmal mehr in den Originaltext unserer Heiligen Schrift: Damals gab es für das, was wir heute unter „Hölle" verstehen, gar kein Wort, weder im Griechischen noch im Hebräischen. Das

4 Weder im Register des *Katechismus der Katholischen Kirche* noch in jenem des *Katholischen Katechismus* (im Auftrag der Bischöfe Stimpfle und Hengsbach) findet sich der Begriff, auch nicht im Register von Joseph Ratzingers „Einführung ins Christentum". Und es spricht für sich, dass weder im „Kleinen (oder Apostolischen) Glaubensbekenntnis" noch im „Großen" (dem Nizäno-Konstantinopolitanischen) davon die Rede ist. Verdammnis nimmt im Glauben der Kirche definitiv keinen wichtigen Platz ein, mehr noch: Dass Menschen verdammt wären oder würden, gehört nicht zum Glaubensgut der Kirche.

Neue Testament spricht also nie von „Hölle“! Jesus/die Evangelisten gebrauchen drei Begriffe: Hades, Gehenna, Abyssus. Keiner von diesen meint „Hölle“ im heutigen Sinn; sie mit „Hölle“ zu übersetzen, ist also falsch! Nach dem Zweiten Vatikanischen Konzil wurde der Begriff „Hölle“ im Credo gestrichen und durch „Reich des Todes“ ersetzt – eine längst überfällige Korrektur, wie Griechisch- und Lateinlehrer seit Jahrhunderten wussten. Auch wenn einige Autoren immer noch mit „Hölle“ übersetzen: Es bleibt, selbst wenn sie große Namen tragen, falsch. „Descendit *ad inferos*“ heißt: „hinabgestiegen in das Reich des Todes“ (Totenreich), und das ist himmelweit von „Hölle“ entfernt. Aus dem Reich des Todes, sagt schon das Alte Testament, kommt man mit Gottes Hilfe und machtvollem Wirken wieder heraus. Das Reich des Todes (wie auch unser „Fegefeuer“, Purgatorium, Ort der Reinigung) dient zur Läuterung des Menschen, sein Ziel ist die Rettung des vormaligen Sünders, seine Bereitung für den Eintritt in das Reich der Liebe Gottes.

Aber daraus ergibt sich m. E. eine gewaltige Folgerung: Wenn nämlich nach dem Konzil hier ein sprachlicher Fehler korrigiert wurde – dann hängen daran ungezählte weitere Korrekturen von Fehldeutungen in der Theologiegeschichte: Wären nicht konsequenterweise jetzt, da die vormalige „Hölle", sprachgeschichtlich zu Recht, endlich ersetzt ist durch „Reich des Todes", nicht auch die anderen Stellen in Texten von Synoden, Konzilien, kirchlichen Verlautbarungen aller Zeiten, welche das Wort „Hölle" im Text führen, zu korrigieren in „Reich des Todes"? Mir erscheint das logisch. Und wenn jemand fragen sollte, warum Gott solche Irrtümer so lange zugelassen hat, möge er sich selber fragen, warum er nicht selber angefangen hat, kritisch zu denken, zu fragen und zu finden.

Der Mensch hört leider weniger auf Gott, lieber auf sich selber. Die Heiligen Schriften sind zwar göttlich inspiriert, zugleich aber von Menschenhand verfasst („Gotteswort in Menschenwort"). Somit bleibt zwangsläufig immer ein Stück „Vorläufigkeit" in den sogenannten Offenbarungen, die eben auch Zeitgebundenes enthalten. Den Kern, das Wesen Gottes, gilt es durch alles Menschenwerk „hindurchzuspüren", immer wieder neu zu erfassen. Gottes Geist, so dürfen wir in Anlehnung an Jesu Zusage hoffen, wird uns mehr und mehr in die Wahrheit einführen (vgl. Johannes 16,13). Mehr und mehr, und immer wieder – im jeweiligen Heute.

Ich bin mir bewusst, welch heißes Eisen damit in die Mitte der Kirche gestellt ist. Aber ist es wirklich ein Verlust, wenn dadurch manche alte „Gewissheiten" angefragt werden? Beinhaltet es nicht ein *Mehr* an Glauben, wenn wir Gottes Geist zutrauen, uns ins Heute hinein neue Dimensionen der Frohen Botschaft zu erschließen und anderes hinter uns zu lassen?

Jesus, unser Herr, hat sich vor „heißen Eisen" nicht gescheut. Er war ganz und gar hellhörig für die „Wahrheit" seines Vaters, und er hatte den Mut, sie zu bezeugen. Sogar um den Preis seines Lebens. Diesem Jesus nach Kräften, nach bestem Wissen und Gewissen zu folgen, das ist – Treue.

Die „Hölle" in der Bibel?

FRAGE 4: Aber die Schrift spricht doch vom „ewigen Feuer", wo „Heulen und Zähneknirschen" herrscht. Werden da nicht Hölle und ewige Verdammnis unmissverständlich beschrieben?

In meinem Buch „Judas, der Freund" weise ich darauf hin, dass die Stellen vom „Feuerofen" und „ewigen Feuer" (fast) ausschließlich bei Matthäus stehen.[5] Man muss also forschen, warum die anderen Evangelien sie nicht haben; denn dies wäre zu erwarten, wenn diese Worte tatsächlich von Jesus stammten. Sind sie also von anderswo-

5 Vgl. ebd., S. 58.

her in das Evangelium des Matthäus hineingeraten? Gar nicht von Jesus, sondern aus den Kreisen seiner Gegner? Letzteres erweist sich als wahrscheinlich, da diese Redewendungen ein Merkmal damaliger jüdischer apokalyptischer Literatur sind, der Jesu Botschaft in wichtigen Punkten entgegensteht.[6]

Ferner ist das Wörtchen „ewig" zu bedenken. Matthäus gebraucht ausschließlich das Wort *aiōn*; das bedeutet aber „eine lange Zeit". Das andere Wort *aḯdios* findet sich nur bei Paulus (Römer 1,20), hier bedeutet es Ewigkeit in unserem heutigen Sinn. Das „ewige Feuer" (bei Matthäus) ist also gar nicht ewig. Es dauert „nur" recht lange. So heißt es etwa in Matthäus 13,22: „... dann ersticken es die Sorgen dieser *aiōnos*" – dieser „Ewigkeit" wäre unsinnig, es ist diese „Weltzeit" gemeint. Oder: In Matthäus 13,39.40 heißt es: „Die Ernte ist das Ende des *aiōnos*" – Ende der

6 Wie sie von dort in das Evangelium des Matthäus (nur in seines!) hineingeraten sind, habe ich in meinem Buch „*Sentire Jesum*" darzulegen versucht.

Ewigkeit? Auch hier geht es natürlich um das Ende der Weltzeit. Und so gibt es viele Stellen. Fazit: Wo in deutschen Übersetzungen „ewig“ steht, muss man anhand des Griechischen nachprüfen, was wirklich gemeint ist. Das „ewige Feuer“ im Gehinnom-Tal meint die lange vor sich hinkokelnde Abfallhalde Jerusalems.

Halten wir fest: Die Offenbarung Gottes im Neuen Testament spricht an keiner Stelle von einer Hölle im heutigen Sinn. Es gibt für den Gott der Erbarmungen und den Gott allen Trostes, der alle Menschen retten will, weder eine ewige Verdammung noch einen grausamen Ort, wo ein ewiges Feuer brennen würde. Wäre es so, dann könnten wir, drastisch gesagt, unseren Glauben vergessen. Und es wäre nicht zu verstehen, warum die Juden Palästinas damals die Verkündigung Jesu eine „frohmachende Botschaft“ genannt haben. Auch wenn es im Angesicht Gottes zu einem womöglich schmerzvollen Wandlungsprozess kommt, so dürfen wir nicht vergessen: Gottes Ziel heißt Heil und Rettung!

Erlösung für alle?

FRAGE 5: Wie steht es mit der sogenannten „Allerlösung", also mit der Rettung aller Menschen durch Gott? Kommen etwa auch alle Bösen und Schurken in den Himmel?

Um dieses Thema der „Apokatastasis" (All-erlösung) rankt sich eine heiße Diskussion vieler Theologen. Diese werde ich hier nicht nachzeichnen. Ich will mich auch nicht gegen kirchliche Aussagen stellen; sie mögen stehen bleiben. Ich weiß, dass es schon Hans Urs von Balthasar bei diesem Thema beinahe Kopf und Kragen gekostet hätte; später wurde ihm die Kardinalswürde angetragen. Er hatte sich im Rahmen einer sauberen, plausiblen Argumentation, die sich aus der Heiligen Schrift und der Erkenntnis großer Mystiker speiste, bis zu der Formulierung vorgewagt, man dürfe angesichts der unendlichen Liebe Gottes zumindest *hoffen*, dass die Hölle letztlich leer sei.[7]

Ich begnüge mich mit einigen Stellen aus dem Neuen (und dem Alten) Testament, die als Beleg für die Möglichkeit einer Allerlösung dienen mögen.

Spricht nicht schon Jesaja, der große Prophet des Alten Testaments, an dessen Theologie Jesus anknüpft, vom endzeitlichen Hochzeitsmahl auf dem Zion, wo „*alle* Völker und Nationen" am göttlichen Tisch sitzen und besten Wein und feinste Speisen genießen werden? *Alle* Völker und *alle* Nationen! Es steht nicht da, dass diese erst Reue, Umkehr, Buße zeigen müssten. Jesus, unser Herr, nimmt dieses Bild auf, wenn er das königliche Hochzeitsmahl schildert (Matthäus 22,1-10),

7 Zu der für unser Empfinden in der Tat schwer erträglichen Vorstellung, dass am Ende auch die schlimmsten Verbrecher bei Gott sein sollen, vgl. unten S. 57f.

wo wieder *alle* zusammengerufen werden, von den Enden und Ecken der Straßen, *alle*, Böse und Gute. Hat nicht Jesus, der Erlöser der Menschheit, ferner gesagt: „Wenn ich von der Erde erhöht bin, werde ich *alle* zu mir ziehen" (Johannes 12,32)? Und nimmt nicht Paulus dieses Wort auf, wenn er sagt: „... der sich als Lösegeld hingegeben hat *für alle*" (1 Timotheus 2,6)? Und an anderer Stelle heißt es, dass der Gott und Vater Jesu Christi beschlossen hat, „... in Christus *alles* zu vereinen, *alles*, was im Himmel und auf Erden ist" (Epheser 1,10). Am tiefsten erklingt unser aller Heil in der bekannten Stelle aus dem Römerbrief: „Gott hat *alle* in den Ungehorsam eingeschlossen, um sich *aller* zu erbarmen" (Römer 11,32). „Die Gnade Gottes ist erschienen, um *alle* Menschen zu retten" (Titus 2,11). – Die Stellen mögen belegen, dass jeder wohlbegründet von dem göttlichen Willen zur „Allerlösung" sprechen darf.

Aber Judas? Gilt das auch für ihn? Judas steht für den Letzten aller Menschen, aller Sünder. Er ist für viele „der Verworfene par excellence". Da tröstet mich das klare Wort Jesu: „Ich will dem Letzten so viel geben wie dir (dem Ersten)!" (Matthäus 20,14).

Hans Urs von Balthasar zitiert wie gesagt Worte der (am 11.10.1998 heiliggesprochenen) Edith Stein zu diesem Thema; ich möchte hier einige andere Passagen der Heiligen anführen:

„Es reicht nicht aus, wenn man die Freiheit allein ins Auge fasst. Man muss prüfen, was die Gnade vermag, und ob es auch für sie eine absolute Grenze gibt. Das sahen wir schon: die Gnade muss zum Menschen kommen. Von sich aus kann sie bestenfalls bis ans Tor kommen, aber niemals den Eintritt erzwingen. Und weiter: sie kann zu ihm kommen, ohne dass er sie sucht, ohne dass er sie will. Die Frage ist, ob sie ihr Werk ohne Mitwirkung vollenden kann."

Auch Edith Stein ist überzeugt, dass die Gnade zum Menschen kommen kann, ohne dass dieser sie sucht. Aber wir können noch weiter gehen als die hl. Edith: Ich erlaube mir, sie daran zu erinnern, dass der auferstandene Christus nicht nur „bis ans Tor" kam, sondern durch verschlossene Türen eintrat!

Weiter schreibt Edith Stein:

„Die allerbarmende Liebe kann sich zu jedem herabneigen. Wir glauben, dass sie es tut. Und nun sollte es Seelen geben, die sich ihr dauernd verschließen? Als prinzipielle Möglichkeit ist das nicht abzulehnen. Faktisch kann es u n e n d l i c h u n w a h r s c h e i n l i c h [!] *werden. Eben durch das, was die vorbereitende Gnade in der Seele zu wirken vermag. Sie kann eben nur anklopfen, und es gibt Seelen, die sich ihr schon auf diesen leisen Ruf hin öffnen. Andere lassen ihn unbeachtet. Dann kann sie sich in die Seelen e i n s c h l e i c h e n und sich mehr und mehr darin ausbreiten. Je größer der Raum ist, den sie so illegitimer Weise einnimmt, desto unwahrscheinlicher wird es, dass die Seele sich ihr verschließt. Sie sieht nur die Welt schon im Licht der Gnade …"*

„Je mehr Boden die Gnade dem, was vor ihr die Seele erfüllte, abgewinnt, desto mehr entzieht sie den gegen sie gerichteten Akten. Und für dieses Verdrängen gibt es keine prinzipiellen Grenzen. Wenn alle dem Geist des Lichts entgegenstehenden Impulse aus der Seele verdrängt sind, dann ist eine freie Entscheidung gegen ihn unendlich unwahrscheinlich [!] *geworden. Dann rechtfertigt der Glaube an die Schrankenlosigkeit der göttlichen Liebe und Gnade auch die Hoffnung auf eine Universalität der Erlösung …"*

„Welche Wege (die göttliche Gnade) für ihre Wirksamkeit wählt, warum sie um die eine Seele wirbt und die andere um sich werben lässt, ob und wie und wann sie auch da tätig ist, wo unsere Augen keine Wirkungen bemerken, das alles sind Fragen, die sich der rationalen Durchdringung entziehen."[8]

8 Zitiert nach: Edith Stein, Welt und Person. Beitrag zum christlichen Wahrheitsstreben, hg. von L. Gelber und R. Leuven OCD, Freiburg 1962, 158ff.

Der „Sohn des Verderbens"?

FRAGE 6: Judas wird im Johannes-Evangelium „Sohn des Verderbens" genannt, und Jesus sagt, es sei besser, wenn er nie geboren wäre. Wird hier nicht ganz deutlich die ewige Verdammung des Judas ausgesprochen, wie es auch viele Kirchenväter verstanden haben?

Im Original von Johannes 17,12 steht das Wort *apōleias*, das gewöhnlich mit „Verderben" wiedergegeben wird. Schaut man sich den ganzen Satz des Johannes an, ist man verwirrt. Der Evangelist schreibt nämlich: „... und niemand von ihnen ging verloren (*apōleto*), außer dem Sohn der *apōleias* ..." Johannes gebraucht also dasselbe griechische Wort (von *apollymi* abgeleitet), einmal übersetzt mit „verloren" – und gleich darauf mit „Verderben"? In der Tat kann *apollymi* verschiedene Bedeutungen haben: verderben, zugrunde richten, zerstören, aufopfern, verlieren, verloren gehen u. a.

Ist eine Übersetzung mit (Sohn des) „Verderbens" die hier einzig naheliegende und mögliche? Und wie ist es zu deuten, dass es für den Menschen besser wäre, „wenn er nie geboren wäre"? Ist da nur eine einzige Deutung möglich?

Zumindest Zweifel sind hier angebracht. Für unser deutsches Wort „Verderben" hält das Griechische nämlich auch andere Begriffe bereit: *phthōra*, *diaphthōra*, *olethros* etwa. Wenn Johannes nun genau das gleiche Wort *apōleias* wählt, das er sechs Worte zuvor gebraucht hat (*apōleto*) und das dort mit „verloren" wiedergegeben wird, sollte man dann nicht vorsichtig überlegen, ob hier eine Übersetzung mit „Verderben" wirklich korrekt ist? Vielleicht wollte Johannes etwas anderes ausdrücken?

Das Wort *apollymi* taucht nämlich recht oft im Neuen Testament auf. Vier (von 91) Stellen sollen uns hier interessieren:

– Da wird bei Lukas das „verlorene Schaf" mit genau demselben Wort charakterisiert: *apōlesas, apōlolos*. Das verlorene Schaf erhält die gleiche Kennzeichnung wie Judas! Oder umgekehrt?

– Dasselbe findet sich bei der „verlorenen Drachme": *apōlesa*! Es ist sicher nicht die „Drachme des Verderbens".

– Nun überrascht es kaum mehr, dass der Vater auch den Sohn, den er verloren hatte, so benennt: *apolōlōs!* „Mein Sohn war tot und lebt wieder, er war *verloren* und ist wiedergefunden worden ..." (Lukas 15,24). Man wird da nicht vom „Sohn des Verderbens" reden!

– Nehmen wir noch eine Stelle aus dem Johannes-Evangelium hinzu: „Der Dieb kommt nur, um zu stehlen, zu schlachten und zu vernichten *(apolesē)* ... Ich bin gekommen, damit sie das Leben haben und es in Fülle haben“ (Johannes 10,10). Vernichten will der Dieb! Aber Gott?!

Mir scheint, es legt sich dringend nahe, bei unserer Stelle Johannes 17,12 auf keinen Fall mit (Sohn des) „Verderbens“ zu übersetzen und dies dann auf „Hölle“ und „ewige Verdammnis“ hin zu interpretieren. Denn Jesus ist kein „Dieb“! Er will die Verlorenen retten, wiederfinden, ihnen Leben in Fülle geben.

Übersetzen wir also besser: „Und keiner von ihnen ging verloren außer dem Sohn *der Verlorenheit.*“

Mit „Verlorenheit“ eröffnet sich im Zusammenhang mit den anderen zuvor genannten Stellen noch eine weitere Bedeutungseinheit: Unser Wort *apollymi* steht nämlich auch am Ende der Begegnung Jesu mit dem reichen Oberzöllner Zachäus (Lukas 19,10): „Denn der Menschensohn ist gekommen, zu suchen und zu retten, was verloren (*apollōlos*) ist." Wunderbar! Die Verlorenen sind der Augapfel Gottes! Sie sind seine Lieblinge! Sie sucht und rettet Er zuerst – weil Er die allumfassende, bedingungslose Liebe ist.[9]

Hat der Steinmetz von Vézelay nicht genau dies in Stein gemeißelt? Für alle Ewigkeit? Hat vielleicht der weise Petrus Venerabilis, der die Inspiration zu den Kapitellen gegeben haben könnte,[10] ihm dazu die Schrift vor Augen gehalten: Gott ist kein Dieb, kein Händler, kein Tagelöhner – Gott will retten!?

9 Das Wort Jesu, es sei besser, wenn er (Judas) nie geboren wäre, steht dazu, wie ich in „Judas, der Freund" ausgeführt habe, keineswegs im Widerspruch: Es kann gedeutet werden „auf jenes ‚wie durch Feuer hindurch' – auf das *Purgatorium* und damit letztlich doch auf Rettung" (ebd., S. 139f).

10 Vgl. hierzu: Judas, der Freund, S. 11f.

„Für viele" – „Für alle"?

FRAGE 7: Papst Benedikt hatte angeordnet, bei der Wandlung in der heiligen Messe nicht mehr zu beten: „... für alle", sondern: „... für viele". So steht es im griechischen Urtext der Offenbarung. Wie kommen Sie dazu, von einer Erlösung sogar für Judas, womöglich für alle zu sprechen? Werden im Himmel beispielsweise Maximilian Kolbe und Adolf Hitler Hand in Hand gehen?

Im Lukas-Evangelium (19,10) hören wir einen fundamental wichtigen Satz Jesu, in dem er seine Sendung vom Vater, ja den Sinn seines ganzen Lebens aussagt: „Der Menschensohn ist gekommen, zu suchen und zu retten, was verloren ist!"

(Vergessen wir nicht, dass der Name *Jesus/Jeshua* bedeutet: *Gott rettet*!) Paulus hat dieses Wort seines geliebten Christus tief in sich aufgenommen und dessen Ansage im Brief an die Römer in folgende Formulierung gekleidet: „Gott hat alle in den Ungehorsam eingeschlossen, weil er sich aller erbarmen will!“ (Römer 11,32).

Die Erlösung aller Menschen ist das Geheimnis des Willens Gottes, das dieser aller Welt offenbart hat (Epheser 1,9f). Gewiss: Für unser irdisch-begrenztes menschliches Denken ist es eine schwere Zumutung, uns vorzustellen, dass Maximilian Kolbe und Adolf Hitler als *gewandelte* Erlöste in dieser Liebe Hand in Hand gehen werden. Aber war Pater Kolbe nicht schon auf Erden gewandelt? Na gut, mag man einwenden, doch jemand wie Hitler?

So schwer es uns fallen mag: Wir dürfen die Möglichkeit eines Gewandelt-Werdens niemandem kategorisch absprechen. Menschen können sich ändern! Heißt es nicht: „Liebt eure Feinde …“ (Matthäus 5,44)? Kann es nicht sein, muss es nicht sein, dass auch die schlimmsten, die allerschlimmsten im Letzten von dieser unbegrenzten Liebe des ewigen und mütterlichen Vaters nicht ausgenommen sind? Selbstverständlich dürfen daraus für unsere irdische Existenz keine falschen Schlüsse gezogen werden: Verbrechern Einhalt zu gebieten ist ein notwendiger Aspekt christlicher Liebe (!). Aber das Ziel – wie und wann es auch immer erreicht werden mag, und sei es nach einer ernsthaften und schmerzlichen himmlischen „Reha"[11] – bleibt die Erlösung aller Menschen.

Keinen Menschen letztlich und endgültig abzuschreiben, das ist ein Perspektivenwandel, eine enorme Herausforderung. Wo Menschen sich ohne Blauäugigkeit, jedoch entschieden darauf einlassen, kann so mancher Teufelskreis der Gewalt aufgebrochen werden. Diese Frohe Botschaft, die über unseren Verstand hinausgeht, weil sie uns von oben geschenkt wurde, dürfen und müssen wir verkünden, auf dass das Angesicht der Erde

11 Vgl. hierzu das Kapitel „Im Hades – oder: Wie durch Feuer hindurch", in: Judas, der Freund, S. 51–77, bes. 74ff.

erneuert werde nach dem Bild dessen, der alles aus seinem Herzen geformt hat.

Papst Benedikt hatte zu seiner Zeit auf den griechischen Urtext verwiesen, in dem klar steht: „Mein Blut, das für euch und für viele vergossen" wird. Der evangelische Neutestamentler Joachim Jeremias hatte dieses „viele" gedeutet auf „alle"; ihm folgten zahlreiche Exegeten beiderlei Konfessionen, und so kam dieser Begriff in unsere Messtexte. Das ist vom Wort her falsch. Jedoch taucht hinter dem Wort als solchem die Frage auf, wie es in einer früheren Kultur verstanden und gebraucht wurde. Eine korrekte Übersetzung wird ja nur gelingen, wenn man den Wortsinn und Sprachgebrauch in der jeweiligen, lange Zeit zurückliegenden Kultur berücksichtigt. Was meinte der Begriff „viele" im damaligen Judentum, angefangen von den vorexilischen Propheten bis zu Jesus?

Es könnte nämlich sein, dass sich „viele" und „alle" gegenseitig „beleuchten" (Norbert Lohfink). Beim Propheten Jesaja (2,2f) können wir genau dies lesen: „Zu ihm strömen *alle* Völker, *viele* Nationen machen sich auf den Weg ..." „Alle" und „viele" können also, so zeigt dieser Vers, parallel gesetzt werden. Das „alle" ist in dem Wort „viele" angelegt, und das „viele" öffnet sich auf „alle", wie es bei Jesaja immer wieder geschieht: „... der Bund für mein Volk und das Licht für die Völker zu sein" (Jesaja 42,6). Und noch einmal im zweiten Gottesknechtslied: „Es ist zu wenig, dass du mein Knecht bist, nur um die Stämme Jakobs wieder aufzurichten und die Verschonten Israels heimzuführen. Ich mache dich zum Licht für die Völker, damit mein Heil bis an das Ende der Erde reicht" (Jesaja 49,6).

Gottes Heil ist nicht eingrenzbar! Seine Liebe reicht immer schon bis zu den fernsten Galaxien. Also müssen wir sagen: Das „viele" wächst ins „alle" hinein, es ist nach vorne hin offen.

Der Gott und Vater unseres Herrn Jesus Christus ist ja kein Stammesgott! Er wollte nicht nur seinem kleinen Volk am Mittelmeerrand Heil bringen, er wollte und will durch dieses kleine Volk die ganze Welt mit seinem Heil beschenken, nämlich die vielen „Völker und Könige". Und deshalb wird der Prophet Jeremia auch nicht nur zum Propheten für Jerusalem berufen, sondern zum Propheten für „die Völker" (Jeremia 1,5); dahinter taucht das große Thema der „Völkerwallfahrt" nach Jerusalem auf (Jesaja 25,6): „Der Herr wird für *alle* Völker ein Festmahl geben ..."

Dies sind einige Beispiele, wie Gott schon durch diese Propheten das „viele" aufgeschlossen hat zum „alle". Jesus, der Sohn, der am Herzen des Vaters geruht hat, kann nicht hinter den Offenbarungen seines Vaters im Alten Testament zurückbleiben. Die „je größere Liebe" ist der Maßstab für Gottes Wirken.

Im vierten Gottesknechtslied wird dies noch deutlicher; da ist einleitend von „vielen Völkern ... und Königen" die Rede (Jesaja 52,15), die staunen und verstummen, und am Ende heißt es: „... denn er trug die Sünden von vielen und trat für die Schuldigen ein" (53,12). Das „viele" wird hier entfaltet zu einem Begriff mit *dynamischer* Bedeutung. Der Blick wird über alle Grenzen hinausgeführt, bis hinter den Rand des Horizonts. Das sind „die vielen Völker" des Jesaja-Buches. Es wird mit diesen vielen niemals ein Ende haben, weder örtlich noch zeitlich noch heilsmäßig.

Gibt es in unserem Glauben nicht die Lehre vom allgemeinen Heilswillen Gottes? Gott „will, dass *alle* Menschen gerettet werden und zur Erkenntnis der Wahrheit gelangen" (1 Timotheus 2,4)! Zu diesem Ziel hat Jesus sich „als Lösegeld hingegeben für *alle*" (2,6)! Hier erlebt das semitisch-dynamische „viele" seine Endgestalt im „alle".

Es ist ferner darauf zu achten, dass das Neue Testament nicht nur einfach lineare Fortsetzung des Alten Testamentes ist, sondern „eine neue Lehre voll Macht" (Markus 1,27), Offenbarung der Fülle der Liebe Gottes. Jesus geht über die (bloß bzw. statisch) „vielen" hinaus, er gibt dem Letzten so viel wie dem Ersten (Matthäus 20,14; in Markus 10,45 steht wieder das jüdische „viele"). Damit ist auch Judas gerettet, der letzte aller Sünder!

Oder im Gleichnis vom königlichen Hochzeitsmahl: „Geht hinaus und ladet *alle* ..."; sie „holten *alle ..., Böse und Gute*!" (Mt 22,9f). Ein dreifaches „alle", unterstrichen durch die literarische Voranstellung der „Bösen", wie Jesus das schon in der sechsten Antinomie der Bergpredigt gesagt hatte: Gott „lässt seine Sonne aufgehen über *Bösen und Guten*" (Matthäus 5,45), das sind alle.

Lukas bringt sogar noch eine Steigerung: Als immer noch Platz ist im Himmel (wohl, weil nach nicht-jüdischem Verständnis „nur viele" drin sind), schickt der Herr den Knecht noch einmal: „*Nötige* die Leute hereinzukommen, damit mein Haus voll werde!" (Lukas 14,23).[12] Und dann

12 Der nachfolgende Vers 24 scheint in heutiger Übersetzung allerdings das Gegenteil zu sagen: „Keiner von denen, die eingeladen waren, wird an meinem Mahl teilnehmen *(griechisch: geusetai)*." Diese Übersetzung aber ist falsch, denn *geuō* heißt nicht „teilnehmen", sondern: ***kosten, kosten lassen, genießen, gernhaben, billigen.*** Man könnte, müsste also übersetzen: „Keiner von den Männern [Jesus spricht hier zu führenden Pharisäern!], die gerufen waren, wird mein Mahl billigen/wird es gernhaben" oder: Keinem von denen „wird mein Mahl gefallen/schmecken" – weil ich, Jesus, all die hereinrufe und sie neben sie setze, die es nicht verdient haben, die ich aber beschenken will! Gerade die zunächst Gerufenen brauchen offenbar eine „himmlische Reha", bevor auch sie das Mahl genießen können.

„schiebt" der Knecht bzw. „schieben" die Knechte/Engel *alle* hinein! Das „viele" weitet sich zum unbegrenzten „alle".

Die „Gravitationskraft" der unendlichen Liebe Gottes („Wenn ich von der Erde erhöht bin, werde ich *alles* zu mir ziehen!", Johannes 12,32) wird unwiderstehlich sein – und zugleich werden wir alle gewandelt werden (vgl. 1 Korinther 15,51)! Wir werden *wegen* unserer Freiheit Gott unendlich wollen! Jeder wird sich zu dieser Schönheit hinkehren, aus dem Erkennen und liebenden Erkannt-Werden heraus.

Wie sollte Gott auch nur einen Einzigen abweisen, wo er doch das verlorene Schaf, die verlorene Drachme so lange suchte, *bis* er sie fand und heimtragen konnte zu seinem Fest!? Für den, der die ewige Liebe ist, kann es kein zynisches „Leider zu spät!" geben. Der „Ernst" seiner Liebe bewirkt unsere Wandlung.

Der Gute Hirte von Vézelay

FRAGE 8: Wieso ist anzunehmen, dass auf dem Kapitell in Vézelay tatsächlich Jesus dargestellt ist? Könnte es nicht auch irgendjemand anderer sein?

Bei Bildern, oft auch bei Worten, bleibt naturgemäß vieles im Bereich der Interpretation. In der Tat könnte man sagen: Der links auf dem Kapitell als Erhängter Dargestellte ist – nur irgendeiner. Ist nicht Judas. Kein Name steht darunter. Erhängt haben sich viele Menschen. Diese Annahme würde aber bedeuten, dass in der Kirche der heiligen Maria Magdalena in Vézelay irgendein Erhängter dargestellt wäre ...; dann würde auf der rechten Seite irgendein Träger (oder netter Mensch) irgendeinen toten Erhängten irgendwohin tragen ... Diese Hypothese ist zwar möglich, kann aber kaum eine Begründung für sich anführen.

Wenn aber links der erhängte Apostel dargestellt ist, dann entstünde eine Spannung, ja es machte wenig Sinn, wenn in der rechten Bildhälfte nur irgendein Träger den Judas irgendwohin trüge.

Ist es also Jesus? Jesus hat sich selbst als den „guten Hirten" bezeichnet. Dies ist bei Ezechiel grundgelegt, wo von Gott als dem Hirten Israels die Rede ist (vgl. Ezechiel 34,11-24; meines Wissens hat nie ein Jude vor oder nach Jesus gewagt, sich selbst als „guten Hirten" zu bezeichnen; denn damit hätte er sich Gott gleichgestellt).

Wie nun auf vielen anderen Darstellungen ein Hirt ein Schäfchen über den Schultern trägt, so dürfen wir annehmen, dass hier Jesus den Judas trägt ...

Bei dem über der Schulter Getragenen fallen drei Dinge auf: Sein Gesicht zeigt unverkennbar ein Lächeln. Zweitens: Seine Hände sind gefaltet; man kommt auf den Gedanken, dass hier die „Auferstehung des Judas“ dargestellt ist! Das dritte Merkmal: Die rechte (lächelnde) Gesichtshälfte des Getragenen passt genau in die unbearbeitet scheinende rechte Gesichtshälfte des Tragenden ... – als wäre auch Jesus „erlöst“, weil er seinen zuvor verlorenen Judas endlich wieder bei sich hat.[13] Wie der barmherzige Vater gewiss gelacht hat, als er seinen verlorenen Sohn wieder im Haus hatte; wie Jesus im Hause des Zachäus gelacht haben wird, als er bei dem Verlorenen zu Tische lag, dem Gott sein Heil geschenkt hatte.

Die Hypothese, es sei nicht Jesus, der hier den toten Judas trägt, scheint mir unter diesen Rücksichten dünn zu sein. Nehmen wir sie aber den-

13 Vgl. die eindrucksvolle Zusammenfügung der beiden Gesichtshälften, die in „Judas, der Freund“ (S. 156f) grafisch sichtbar gemacht ist. Die Umschlagabbildung des vorliegenden Büchleins zeigt das Resultat: den lächelnden guten Hirten mit Judas auf seinen Schultern.

noch einmal an, was würde sich dann ergeben? Etwas Wunderbares:

Dann ist es hier irgendein Mensch, der irgendeinen anderen, der sich erhängt hat, nach Hause trägt ... Einer, der für einen anderen, einen Bedürftigen, da ist. Hat Jesus nicht im sogenannten Gleichnis vom „Weltgericht“ (Matthäus 25,31-46) genau dies geschildert? Ich war durstig ..., ich war obdachlos ..., ich war im Krankenhaus ..., und ihr habt mich ..., ihr habt mir ... Die Gerechten antworten darauf, dass es doch gar nicht Jesus gewesen sei, sondern nur der und nur die ... – eben irgendeiner! Und der Schöpfer und Erlöser aller Menschen antwortet: Ich bin's gewesen!

Dann würde uns der Herr durch dieses wunderschöne Kapitell auch noch sagen:

Gib dem Nächsten an deiner Seite, egal wer er ist, egal was er getan hat, der aber in Not ist, das, was der jetzt zum Leben braucht.

Zum ewigen Leben bei mir.